Sidérer, considérer

ÉDITIONS VERDIER
11220 LAGRASSE

Marielle Macé

Sidérer, considérer

Migrants en France, 2017

Verdier

www.editions-verdier.fr

© Éditions Verdier, 2017
isbn : 978-2-86432-936-7

Des bords en plein centre

Sur le quai d'Austerlitz, à Paris, s'est établi pendant quelques mois un camp de migrants et de réfugiés qui a été détruit en septembre 2015, mais où se sont vite réinstallées des tentes ; un camp discret, mal visible, peu médiatisé. Le quai d'Austerlitz, donc, en bord de Seine, en contrebas de la gare du même nom. Bords en plein centre, bords internes de la ville (de la ville vécue, quotidienne, traversée, investie), bords de la visibilité, bords du temps, bords du droit ; c'est d'ailleurs une multitude de bords qui se sont succédé et même acharnés là-bas, dans une histoire qui est pourtant déjà, sur ces rives, comme submergée et engloutie.

Le camp de migrants d'Austerlitz n'était pas le plus visible à Paris ; il y avait pourtant quelque chose de sidérant dans son emplacement même ; il se tenait en contrebas et en contrepoint, si je puis dire, d'un autre lieu, très voyant celui-ci, la Cité de la mode et du design – sorte de paquebot vert acide, lourd, cru, imposant, assuré, insolent, posé directement sur les rives de la Seine ; le camp s'était établi juste devant, sous l'escalier qui conduisait depuis les rives du fleuve vers une sorte de discothèque en plein air intégrée à cette Cité de la mode, le Wanderlust, dont les migrants pouvaient capter le réseau wifi quelques heures par jour ; aux bords de la mode donc, avec son idée à elle du bien, de ce qu'est le bien, en l'occurrence des biens où gît souvent le bien dans notre forme de vie quotidienne (notre forme de vie, à nous, et cela vaccine déjà contre toute tentation de faire le malin, ou le vertueux, puisque cette pénible Cité de la mode dit bien quelque chose de profondément nôtre et partagé). Une sorte d'indifférence réciproque était en tout cas contrainte de s'installer sur ces bords, puisqu'il fallait beaucoup de volonté (ou simplement de gêne, de sidération) pour invisibiliser ici le camp ; et, accessoirement, il fallait beaucoup de force d'âme ou seulement d'épuisement pour réussir à s'endormir sous la piste d'une discothèque. Ce camp, et cette Cité, se situaient également en face du siège de Natixis, la banque de financement et de gestion de services de la Banque Populaire, une banque de banque, une banque au carré. Un camp de migrants a ainsi vécu pendant plusieurs mois au bord de ce que notre mode de vie et son empire d'échanges et de visibilité peut avoir de plus *cru*.

Mais il y a plus, et l'on y pense déjà ; il se tenait aussi, ce camp d'Austerlitz, à quelques dizaines de mètres de la BnF, la Très Grande Bibliothèque ; le camp s'était installé à quelques dizaines de mètres de cette scénographie à la fois splendide et inhabitable, avec ses quatre livres murés, dressés et ouverts les uns sur les autres, des livres qui ne sont pas à lire mais à regarder médusés, des livres qui sont des entrepôts de livres, puisque leurs lecteurs ont été, eux, placés en sous-sol, au bord d'un jardin interdit où, pendant les premières années, tombaient en direct (si je m'en souviens bien) les cèdres du Japon qui avaient été curieusement acheminés jusque-là, harnachés par de lourds câbles jusqu'à ce sol parisien qui ne les voulait pas, qui ne les nourrissait pas.

Et ce n'est pas tout; car c'est encore à quelques dizaines de mètres du camp de migrants, et de la BnF donc, au 43 quai de la Gare précisément, que pendant la Seconde Guerre mondiale les SS avaient ouvert ce qui s'est appelé le « camp annexe d'Austerlitz ». C'est là, tout près de la gare d'où étaient partis certains des premiers convois de déportés, qu'ont été transportés les biens pillés aux Juifs; c'est sur les étagères de cette tout autre bibliothèque, de cette sorte de magasin général nazi, qu'étaient rassemblés les livres, les collections et les objets spoliés et en transit pour l'Allemagne (par exemple ceux de Marc Bloch, ou du fils de

Durkheim) ; il y avait même une section Enfer, dit-on, dictée par un mouvement de pudeur obscène, dans ce lieu de spoliation aux bords duquel, cinquante ans après, s'est donc édifiée la nouvelle BnF.

Sebald, le romancier de la mélancolie (il vaudrait mieux dire, avec le jeune poète Romain Noël, de la mélancolère), a consacré à cette coïncidence exorbitante quelques lignes dans son ultime roman, *Austerlitz*; quelques lignes seulement, mais très frappantes et très accusatrices : « Sur le terrain vague où s'élève aujourd'hui cette bibliothèque, délimité par le triangle de la gare d'Austerlitz et du pont de Tolbiac, il y avait jusqu'à la fin de la guerre un vaste entrepôt où les Allemands regroupaient tous les biens pillés dans les appartements des Juifs parisiens. […] Et là-bas, sur le terre-plein d'Austerlitz-Tolbiac, s'est entassé à partir de 1942 tout ce que notre civilisation moderne a produit pour l'embellissement de la vie ou le simple usage domestique, depuis les commodes Louis XVI, la porcelaine de Meissen, les tapis persans et les biblio-thèques complètes, jusqu'à la dernière salière et poivrière »… Sebald exagère, si l'on veut, parce que ce n'est pas exactement au même endroit – un lieu n'a pas ici recouvert l'autre, ne se tient pas à sa place ; mais qu'importe, puisqu'il a ainsi nommé cette rencontre, si tragique et si propre au siècle dernier, entre l'histoire de la culture et celle des violences de masse, entre la littérature et les vies vécues sous condition de destruction. Car la culture regarde désormais celui que Malraux avait appelé un « homme précaire » (*L'Homme précaire et la littérature,* c'est le titre de son tout dernier livre, qui disait à sa manière que le lecteur, désormais, est un homme à l'humanité précarisée, quelqu'un qui est aussi mutilable, et exilable, et perdable que ses livres). La culture moderne parle de notre vulnérabilité, elle parle à notre vulnérabilité, et le voisinage exorbitant du camp annexe d'Austerlitz, de la BnF et d'un campement de migrants dit quelque chose de cela ; – son voisinage avec la Cité de la mode et du design aussi d'ailleurs, qui s'occupe de ces objets « d'embellissement de la vie » et de « l'usage domestique » dont parle Sebald, et où nous engageons pour une bonne part notre propre forme de vie.

Dans cette rencontre exorbitante entre l'exil, la persécution, la bibliothèque, et les rêves engainés dans les jolis objets, on pense sans doute à Walter Benjamin. Benjamin dont les papiers ont peut-être transité par le camp annexe d'Austerlitz. Benjamin qui avait ressenti très tôt, tout jeune homme, ce qu'il appelait « le besoin intérieur de *posséder* une bibliothèque ». Emballer et déballer sa bibliothèque, Benjamin y a consacré bien des pages, et bien des jours ; il a connu cela beaucoup de fois dans sa vie, et de façon de plus en plus dramatique, depuis son émigration à Paris en 1933 lorsqu'il a quitté l'Allemagne (comme Spitzer, comme Auerbach, comme toutes ces figures qui ont assumé au cours du siècle l'étonnante liaison de la philologie et de la politique) jusqu'à son suicide en septembre 1940 à Port-Bou, alors qu'il tentait de partir pour les États-Unis, fuyant devant la Gestapo. Sa vie a été ponctuée par des exils et des tentatives pour sauver les livres patiemment amassés ; elle est marquée par la double histoire des déplacements et des lectures, dont témoignent les cahiers qu'il a toujours tenus, ces « répertoires errants » aujourd'hui disponibles, où il notait simplement les titres des ouvrages et les lieux de lecture (n° 1711 et avant-dernier : *Au château d'Argol,* de Julien Gracq, paru en 1938). La substitution des lieux les uns aux autres s'y accélère rapidement, manifestant à quel point les abris de Benjamin se sont faits de plus en plus précaires (Jennifer Allen rapporte au moins quinze changements d'adresse à Paris entre 1933 et 1938) ; et dans le même mouvement sa bibliothèque se défaisait, s'amoindrissait ; Benjamin a toujours tenté pourtant d'en sauver quelque chose, en la

faisant envoyer en lieu sûr, ou, mais c'est tout
un, en en déposant une partie chez des amis
(chez les Brecht au Danemark, par exemple,
et Bertold Brecht avait peur de ne plus revoir
Benjamin une fois que celui-ci aurait pu
récupérer ses livres) ; mais il n'est pas parvenu
à lutter contre la dispersion ; il a d'abord
abandonné ses manuscrits ; puis, fuyant vers
l'Espagne, il n'a pu emporter que son masque
à gaz et ses effets de toilette. Comme s'il
avait porté sur ses épaules cette tragédie de
la culture qui a marqué tout le siècle, et que
Sebald ancre encore sur les quais de la gare
d'Austerlitz et les rayonnages oublieux de la
bibliothèque qui s'y dresse aujourd'hui.

L'histoire de Benjamin, parmi les livres
comme parmi les lieux, aura été celle d'un
constant et violent dépouillement ; et pourtant il n'aura cessé de réfléchir au bonheur du
« collectionneur », à celui qui connaît la joie
de posséder « au moins une belle chose à lui »,
et qui, face au « monde des choses », tenant
les choses en main, semble « les traverser

du regard pour atteindre leur lointain » et y gagne « une apparence de vieillard ». Il y a effectivement un monde des choses, un chant des choses, une magie dans les choses (Pasolini parlait du rêve d'une chose : *il sogno di una cosa*). D'ailleurs Benjamin ne collectionnait pas seulement les livres – livres d'enfants, livres de malades mentaux, « romans de servantes », « œuvres gauches » –, il collectionnait aussi les cartes postales, les jouets anciens (parmi eux : des meubles minuscules pour maisons de poupées fabriqués par des prisonniers sibériens)… tous ces objets où se ramasse une promesse de bonheur, qui donne un tour très particulier au fait même de la possession, une profondeur spirituelle à la vie matérielle, une pesanteur morale aux objets. Benjamin est celui qui nous aura pour toujours ouverts à cette idée si vaste que les choses rêvent, nous rêvent. (Ce rêve des choses, et tous les petits objets qui ont intéressé Benjamin, rejoignent encore une fois bizarrement les préoccupations d'une Cité de la mode et du design, ce très pesant palais de la visibilité qu'il n'est décidément pas facile de faire sortir de la scène.)

Et c'est dans tous ces sillages donc, dans une traîne absolument contradictoire, qui ne peut pas être rapportée à un seul et majestueux bateau mais à tout ce qui se mêle et se heurte et se dispute dans notre forme de vie (c'est sur ce plan des formes de la vie d'ailleurs que se formulent aujourd'hui l'essentiel de nos incertitudes, de nos différends, de nos revendications), c'est dans tous ces sillages que s'est écrite l'histoire du quai de la Gare, sidérante – mais peut-être le sont-elles toutes.

Sidérants en effet ces voisinages, dans leur indécence, entre des poches d'espace qui ne doivent pas communiquer, et le font d'autant mieux, ne pas communiquer, que tout cela se déroule au bord d'un fleuve, formant ici comme une butée, dans le repli d'une boucle assombrie et ralentie de l'espace urbain ; sidérante cette répétition d'un camp « dans » un autre camp (comme souvent, comme à Rivesaltes par exemple) ; sidérante, cette sorte d'obstination de l'histoire ou d'acharnement des bords à se faire encore plus bords ; sidérante, cette mémoire qui peine à se constituer ; sidérante cette évidence d'un impossible côtoiement.

On pourrait placer cela sous le signe d'un mot : *limitrophe*. « Limitrophe », cela vient de *limes,* la limite, la frontière, et du grec *trophê,* l'action de nourrir, l'aliment. On appelait *limitrophi fundi* les terres attribuées aux soldats stationnés aux frontières afin qu'ils puissent y assurer leur subsistance. Le limitrophe, c'est ce qui se tient au bord, à la limite, ce qui vit sur la frontière et y fait son séjour ; c'est ce qui se nourrit à la limite et se nourrit *de* la limite ; mais c'est également, d'une certaine façon, ce qui nourrit la limite, épaissit et densifie la frontière (comme le sait Michel Agier, qui a montré combien les frontières, souvent plus qu'elles ne se franchissent, s'habitent, empiègent, spécialement aujourd'hui), et encore ce qui aggrave la limite et en complique le sens. Je pense, avec Peter Szendy, à la torsion que Derrida faisait subir à ce terme dans *L'Animal que donc je suis*. Il proposait de « laiss[er] à ce mot un sens à la fois large et strict : ce qui avoisine les limites mais aussi ce qui nourrit, se nourrit, s'entretient, s'élève et s'éduque, se cultive aux bords de la limite ». Et ajoutait : « la *limitrophie,* voilà donc le sujet. […] Tout ce que je dirai ne consistera surtout pas à effacer la limite, mais à multiplier ses figures, à compliquer, épaissir, délinéariser, plier, diviser la ligne justement en la faisant croître. »

Quelque chose de cet ordre se joue sur ces bords de Seine, ces bords de la ville et de la vie visible, là où un espace jouxte de tout autres espaces, là où un temps frôle de tout autres temps ; mais aussi, et évidemment surtout, là où des espaces et des temps et des groupes humains s'abstiennent les uns des autres, dans le confinement de quelques-uns au sein d'une étroite enclave et dans l'introuvable expérience d'un côtoiement. Or le côtoiement est justement la tâche politique ordinaire ; c'était, pour Claude Lefort, le mot de la démocratie : avant même la relation en effet, le côte à côte, le côtoiement – où il faut faire avec les autres, s'accorder à se désaccorder. Lefort ajoutait que de ce point de vue on ne saurait localiser l'homme *dans* la société : il n'y a pas quelque chose comme la société, qui serait un contenant, comme un pays *dans* lequel on se tiendrait. Il n'y a que des mouvements d'aller vers ou de s'en abstenir, ou tout au mieux de frôler…

Et l'on peut encore le dire avec les mots du poète Claude Mouchard, dans le « pamphlet-poème » intitulé *Papiers!* : « Quel bord nous sépare, demande-t-il, – nous Français, Européens, Occidentaux – de ceux qui, venus d'Afrique, d'Asie ou de divers pays de l'Est, tentent désespérément de le franchir? Ce bord n'est pas seulement fait de frontières, barbelés ou camps de rétention. Nous le sentons passer parmi nous un peu partout dans les villes ou dans les campagnes. Il se fait partout sentir entre nous – dans nos vies ordinaires – et eux […]. Il sillonne et transforme le "dans" commun, il passe au milieu de tout ce en quoi nous pourrions, aveuglément, nous croire "entre nous". » Notre bord en effet, ce n'est pas seulement une affaire d'espaces, ce sont les barques glissant vers nos côtes, ce sont tous ceux qui arrivent et qui nous arrivent, c'est un bord qui nous passe au milieu, qui nous divise, nous révèle déchirés et disjoints ; le « nous » et le « dans » interrompus par ce qui vient, le bord faisant « irruption et interruption » en plein centre. Ces bords qui ne sont plus des bords, mais comme des blessures de la ville, des revers de la ville dans la ville, mais aussi, et encore, des versants de la vie, des côtés du monde, des bons ou des mauvais côtés d'un même monde.

Sidérer considérer

Il faut en permanence penser à cela et à tout ce qui s'y rapporte (comme Baudelaire : « Andromaque, je pense à vous [...], aux captifs, aux vaincus !... à bien d'autres encor ! »), penser à cet encampement de plus en plein Paris, à ces seuils démultipliés, à ces espaces inhabitables et pourtant habités, à ces migrants qu'on saisit alors par leurs peines et leurs pertes, qu'on ne perçoit que comme des spectres, à cet impossible côtoiement, à cette mémoire défaillante, avec le sentiment de sidération qui naît de tout ça, et la violence que cette sidération autorise quotidiennement.

Mais je voudrais tenter aussi un chemin différent, ou réciproque comme dirait Hannah Arendt ; tenter de parler des vies qui aussi se tiennent, tentent de se tenir ou ont à se tenir en plein campement ; de migrants qu'on ne saisirait pas seulement par leur invisibilité, et leur distance à la plupart de nos vies (eux à qui il arrive cela qui, à nous, n'arrive pas ou plus comme ça) ; mais auxquels on se rapporterait aussi par leurs gestes et leurs rêves et leurs tentatives et leur expérience ; et alors et surtout du mouvement non plus de sidération mais de considération qui devrait aussi nous animer ; de considération, c'est-à-dire d'observation, d'attention, de prévenance, d'égards, d'estime, et par conséquent de réouverture d'un rapport, d'une proximité, d'une possibilité.

Car sidérer, se laisser sidérer comme il faut le faire par tout ce qui est en effet et sans trêve sidérant, c'est pourtant aussi rester médusé, pétrifié, enclos dans une émotion qu'il n'est pas facile de transformer en une motion, terré dans une hypnose, une stupéfaction, un envoûtement où s'épuise en quelque sorte la réserve de partage, de liens, de gestes que pourrait nourrir la connaissance que nous avons de ces situations, mais qui reste une souffrance à distance. Ce n'est pas rien, comme l'a montré Boltanski, la « souffrance à distance » ; mais quelque chose en elle enclôt ceux qui arrivent là où déjà ils sont confinés, et nous y courons le risque de rester nous-mêmes au bord, au bord de notre propre présent, de ses multiplicités et de ce qui nous y requiert. « Considérer », ce serait au contraire aller y voir, tenir compte des vivants, de leurs vies effectives, puisque c'est sur ce mode et pas un autre qu'elles s'enlèvent au présent – tenir compte de leurs pratiques, de leurs jours, et par conséquent déclore ce que la sidération enclôt ; non pas désigner et étiqueter des victimes, mais décrire tout ce que chacun « met en œuvre – bien ou mal, efficacement ou pas, fonctionnellement ou non, avec des ressources économiques, rela-tionnelles, culturelles, affectives extrême-ment disparates – pour faire avec un moment de vulnérabilité accrue, ou une situation de précarité » (Michel Naepels). Non un : Te voilà donc, victime, victime de toujours ! ; mais un : Et toi, comment vis-tu, comment fais-tu, comment t'y prends-tu pour vivre là, vivre cela, cette violence et ton chagrin, cette espérance, tes gestes : comment te débats-tu avec la vie ? – puisque bien sûr je m'y débats aussi.

Sidérer vient du latin *sidus, sideris,* l'étoile : il y est question de subir l'influence néfaste des astres, d'être frappé de stupeur ; et il faut y associer d'emblée tous les verbes de l'immobilisation dans le spectacle de la terreur ; méduser, atterrer, pétrifier, interdire... Le latin avait aussi *assiderare,* que conserve l'italien : congeler, glacer, frapper de torpeur. Mais il avait également *desiderare,* désirer, vouloir intensément, éprouver un manque, un regret ou un besoin (le manque de quoi ? d'une constellation, d'un astre : le désir est comme la nostalgie d'une étoile) ; et il avait donc aussi *considerare,* qui nommait la contemplation des astres, puisque les astres doivent se regarder avec intensité, scrupule, patience.

Considérer en effet, c'est regarder attentivement, avoir des égards, faire attention, tenir compte, ménager avant d'agir et pour agir ; c'est le mot du « prendre en estime », du « faire cas de », mais aussi du jugement, du droit, de la pesée, du scrutin. C'est un mot de la perception *et* de la justice, de l'attention et du droit. Il désigne cette disposition où se conjuguent le regard (l'examen, par les yeux ou la pensée) et l'égard, le scrupule, l'accueil sérieux de ce que l'on doit faire effort pour garder sous les yeux… Devant des événements aussi violents que la « crise des migrants », il est plus commun, plus immédiat, de se laisser sidérer que de considérer. Mais le sujet de la sidération n'est pas le sujet de la considération. Le sujet de la sidération voit l'extraordinaire des campements, le retrouve, il se nourrit d'images où il reconnaît la relégation, la misère, la souffrance auxquelles il s'attend – et dans cette reconnaissance est sa vertu, sa compassion ; mais ici « l'abondance des représentations visuelles masque la faiblesse des informations, des analyses et des débats politiques » (Michel Agier). Le sujet de la considération, lui, devrait regarder des situations, voir des vies, juger, tenter, braver, et travailler à se rapporter autrement à ceux auxquels il fait ainsi attention, et par les vies desquels il devrait aussi pouvoir être surpris.

Considérer, faire cas de: c'est peut-être dans ce but, par exemple, que Raymond Depardon ouvrait le documentaire intitulé *Afriques, comment ça va avec la douleur?* par les lentes images d'un enterrement; pour que l'on éprouve pas à pas (et l'on a honte d'en être étonné), que sous condition d'in-fini dénuement le deuil est bien toujours le deuil d'une personne, une personne absolue, pleurable, et pourtant anonyme, celle-ci, un père, une sœur, une amante, pris un à un. Car il semble si difficile, pour le spectateur accoutumé aux images massives, synthé-tiques, désinvesties, de la misère et de la violence africaines – la plupart du temps saisies comme « un flux dont seuls l'intensité et le volume importent » (Philippe Vasset) –, il semble si difficile d'y voir des existences vécues, dans leur aventure, leur concrétude, leur quotidien, leur intimité psychique.

En vérité le but (est-ce choquant?) n'est pas de singulariser chaque vie perdue. C'est presque le contraire : l'éprouver semblable, c'est-à-dire aussi dissemblable. Et s'éprouver semblables-dissemblables. Contemporains, interdépendants, égaux, devant l'être. Si toute vie est irremplaçable (et elle l'est), ce n'est pas exactement parce qu'elle est unique (même si évidemment elle l'est), c'est parce qu'elle est égale, devrait toujours être tenue pour telle.

Or tout se passe comme si nous recevions certaines vies comme des vies qui ne seraient au fond pas tout à fait vivantes ; tout se passe comme si l'on considérait certains genres de vie, ainsi que le dit Judith Butler, « déjà comme des non-vies, ou comme partiellement en vie, ou comme déjà mortes et perdues d'avance, avant même toute forme de destruction ou d'abandon ». Mais reconnaître une vie comme pleurable, c'est l'avoir d'abord tenue pour pleinement vivante, et pleinement vécue. C'est dans l'exacte mesure où elle est considérée comme vécue qu'une vie peut être considérée comme exposée à la blessure, *capable* de vulnérabilité, capable d'être perdue et pleurée et d'en endeuiller d'autres.

Pour parler des vies qui se tentent (et souvent se saccagent) sur nos bords, inutile par conséquent de convoquer l'idée, terrassante, de « vie nue » ; c'est toujours de « vies » qu'il faut prendre la mesure. Car il n'y a pas de vies nues, il n'y a pas de vies sans qualité ; il n'y a, en l'occurrence, que des vies dénudées et disqualifiées (dénudées par quelque fait de violence, disqualifiées par quelque absence de considération, c'est-à-dire avant tout de droits – voyez aussi Adama Traoré –, négligées ou tenues pour peu par quelques-uns ou quelque chose qui en portent la responsabilité). « Ce n'est pas une vie » ; oui ; mais non, c'en est toujours une ; et même pour entendre qu'elle n'est pas vivable il faut entendre qu'elle est absolument vivante. Les vies vécues sous condition d'immense dénuement, d'immense destruction, d'immense précarité, ont sous ces conditions d'immense dénuement, d'immense destruction et d'immense précarité à se vivre, chacune est traversée en première personne, et toutes doivent trouver les ressources et les possibilités de reformer un quotidien : de préserver, essayer, soulever, améliorer, tenter, pleurer, rêver *jusqu'à* un quotidien : cette vie, ce vivant qui se risque dans la situation politique qui lui est faite.

Poésie et colère

On peut tenir la considération, cette perception qui est aussi un soin, ce regard qui est aussi un égard, pour une vertu de poète.

Ponge par exemple réclamait qu'on eût des « égards » pour la réalité, jusque dans la façon que l'on a de la tenir sous les yeux et d'en parler ; c'était ce qui appelait en lui la *rage de l'expression*. Il inventait ainsi dans « Berges de la Loire » quelque chose comme un droit du réel, un droit du réel devant lequel, parlants, nous n'aurions que des devoirs, et qui pourrait même faire appel et porter plainte contre nous lorsque justement nous bâclons la façon que nous avons de le considérer et de le qualifier. « Reconnaître le plus grand droit de l'objet, son droit impres-criptible, opposable à tout poème... Aucun poème n'étant jamais sans appel *a minima* de la part de l'objet du poème, ni sans plainte en contrefaçon. L'objet est toujours plus important, plus intéressant, plus capable (plein de droits). » Rage de l'expression, rage pour l'expression : colère contre les bâclages et les inattentions de tous ordres, au premier chef dans la parole ; pas seulement la colère donc, mais cet espace particulier où la colère s'articulerait à une certaine intensité d'attention, une vigilance presque procédurale quant aux formes si multiples de la vie et aux véritables idées qui s'y engagent : une colère éprise de justesse, une colère poétique, une pensée de poème.

Bourdieu, autre homme de colères, ne s'y était pas trompé, qui honorait dans l'effort poétique de Ponge le modèle de l'opération sociologique elle-même, celle qui consiste à « nécessiter » le réel, c'est-à-dire à lui faire face, à le voir tel qu'il est, à le comprendre sans pour autant l'aimer ou le justifier, autrement dit à prendre le parti du réel et à en prendre son parti. Bourdieu est revenu plusieurs fois à Ponge pour expliciter son attitude à l'égard de la réalité sociale, en entretien et dans cet ouvrage inhabituellement militant qu'a été *La Misère du monde*.

Voilà la rage de l'expression : ce nœud d'efforts où l'entêtement de la parole et l'entêtement du réel à être ce qu'il est, à être « tel » comme eût dit Valéry (ni plus indicible, ni plus justifiable, ni plus aimable que ça), prennent sans cesse le relais l'un de l'autre. Et cela vaut bien la levée d'une colère, contre toutes les façons, y compris savantes, y compris vertueuses, d'être inattentif.

Belles colères que celles qui ont pour seul ennemi *l'inattentif* : celui qui ne voit pas la différence, celui qui ne voit pas le problème, celui à qui « ça ne fait rien » ; belles colères que celles où ce qui est blessé en moi (où ce qui blesse ce « cœur de roi » que chacun porte en soi, et que Sénèque voyait se serrer chez les coléreux) est cette exigence d'attention, de vigilance, c'est-à-dire de justesse et de justice ; car la colère est ce moment où ce qui est tenu pour peu, négligé, saccagé est justement ce à quoi je tiens, elle me dit, même (et c'est parfois une surprise), ce à quoi je tiens, ce pour quoi je suis prêt, prête, à m'engager, à entrer dans l'arène des conflits, des incertitudes et des justifications.

Belles colères que celles qui peuvent alors tenter de se dire aussi dans la patience et dans le doute : colères critiques et calmes, colères méconnaissables (ainsi Michaux, enragé s'il en fut, dans *Poteaux d'angle* : « Le sage transforme sa colère de telle manière que personne ne la reconnaît. Mais lui, étant sage, la reconnaît… parfois. »)

Pas seulement « la colère » décidément, et pas toute la colère, pas n'importe laquelle ; car « la colère » n'est pas une valeur, la colère n'est pas en soi un bien, elle est cette émotion qui révèle les valeurs et les biens qui nous divisent, les objets nécessaires de nos conflits : dis-moi ce qui cause ta fureur, je te dirai en quoi toi tu crois, ce qui t'importe, à toi (peut-être justement pas à moi), ce à quoi tu tiens ou veux tenir, ce que tu as besoin de protéger pour préserver ton amour de la vie, donne-moi tes raisons et tes motifs à vivre, dis-moi où est ton bien, et essayons peut-être d'en juger, d'en changer, d'en douter… (puisque aussi bien il faut, comme Baudelaire se le proposait à lui-même, « dater sa colère »).

Car une colère en poésie (celle de Ponge, mais aussi celles de Baudelaire, de Hugo, de Pasolini, de Sebald, de Glissant, de Deguy, de Koltès…) se soulève toujours devant les mêmes coupables : l'indifférence, le tenir-pour-peu, par conséquent la violence et la domination (oui, la domination, toutes les dominations, celles qui justement accroissent très concrètement la précarité). Poète est celui qui a mal là où le monde a mal. Baudelaire rappelait ceci dans ses *Notes nouvelles sur Edgar Poe* : « *"Genus irritabile vatum!"* Que les poètes […] soient une race irritable, cela est bien entendu ; mais le *pourquoi* ne me semble pas aussi généralement compris. […]. Les poètes voient l'injustice, *jamais* là où elle n'existe pas, mais fort souvent là où des yeux non poétiques n'en voient pas du tout. Ainsi la fameuse irritabilité poétique n'a pas de rapport avec le *tempérament,* compris dans le sens vulgaire, mais avec une clair-voyance plus qu'ordinaire relative au faux et à l'injuste. Cette clairvoyance n'est pas autre chose qu'un corollaire de la vive perception du vrai, de la justice, de la proportion, en un mot du beau. Mais il y a une chose bien claire, c'est que l'homme qui n'est pas (au jugement du commun) *irritabilis,* n'est pas poète du tout. »

Il faudrait sans doute comparer, opposer même cette colère de l'égard et cette poésie de la considération, presque juridique, à la poésie de la « compassion » que demandait Yves Bonnefoy : compassion pour les mortels dont il faut aimer la finitude, puisqu'on l'a tous en partage ; compassion pour les lieux que lance la belle méditation de *L'Arrière-pays* ; compassion pour le vivant dans sa grandeur et sa généralité : « Ce n'est donc pas de l'antipathie pour le concept, ce que je demande à la poésie, je dirais plutôt que c'est de la *compassion*. » La compassion est une pitié toute chrétienne pour la vie même, pour sa vulnérabilité. Elle est belle et forte. Mais elle n'est pas ce qu'il nous faut pour percevoir l'égalité des vies dans l'inégale distribution de la précarité. La considération, elle, est plus politique, plus sociale, moins « humanitaire » si l'on veut.

Exiger la considération (jusque dans l'émotion de pitié d'ailleurs), c'est demander que l'on scrute les états de réalité et les idées qu'ils énoncent, c'est demander à la fois qu'on dise les choses avec justesse et qu'on les traite avec justice, en les maintenant avant tout dans leurs droits. Oui, exiger la considération, comme tâche politique et juridique, parce que seuls ceux dont les vies « ne sont pas "considérées" comme sujettes au deuil, et donc douées de valeur, sont chargés de porter le fardeau de la famine, du sous-emploi, de l'incapacitation légale et de l'exposition différentielle à la violence et à la mort » (Judith Butler, *Ce qui fait une vie*).

La considération appelle avant tout le droit, moins la reconnaissance que la reconnaissabilité (juridique, politique) des vies ; par conséquent la vigilance, et lorsqu'il le faut la surveillance, la veille intense, l'espionnage même (*speculari* : espionner). C'est ce qui a animé le travail d'investigation conçu par Charles Heller et Lorenzo Pezzani, *Forensic Oceanography*, lorsqu'ils se sont faits les vigies des embarcations et des vies perdues en Méditerranée, défenseurs de leurs droits, et par conséquent surveillants des surveillants. Ces géographes se sont penchés sur le cas d'un bateau abandonné à la mort, « the left-to-die boat », une embarcation de migrants qui en 2011 a dérivé pendant quatorze jours dans une zone surveillée par l'OTAN, a envoyé de multiples signaux, a été plusieurs fois identifié, a reçu la visite d'un hélicoptère et a croisé la trajectoire d'un navire militaire, mais n'a jamais été secouru, et sur lequel soixante-trois migrants ont trouvé la mort, dans une éclipse silencieuse des juridictions et une fragmentation des espaces de contrôle, au bord apparent de toute responsabilité. Ignorées, ces vies ont pourtant laissé des traces dans l'eau, jusqu'à celles des appels de détresse, et en déchiffrant *attentivement* ces traces on peut transformer la mer elle-même « en un témoin susceptible d'être interrogé ».

Sidérer / considérer donc, comme un battement, une respiration qui conjoint la colère et l'attention, l'être-affecté et le scrupule. Ou, comme le dit mieux encore Georges Didi-Huberman devant les situations de violence et de précarité : « exercer deux fois sa *patience*, une fois pour le *pathos*, une fois pour la connaissance ».

Considérant

« Considérer », c'est un mot que j'ai entendu résonner, avec éclat et sens de la provocation, dans les actions d'un collectif de politologues, de juristes, d'urbanistes, d'architectes et d'artistes qui porte le beau nom de PEROU, « Pôle d'exploration des ressources urbaines ». C'est le PEROU donc, dirigé par Sébastien Thiéry et présidé par Gilles Clément, qui pense et agit dans des campements, des bidonvilles, des « jungles » suburbaines, des sous-bois, sur les talus d'autoroute ou sur les bords de la Seine (il émane d'ailleurs d'un premier projet, celui des *Enfants de Don Quichotte,* qui avaient installé il y a une dizaine d'années des tentes pour les sans-abri au bord, encore un bord, du canal Saint-Martin – mais des tentes qui devaient cette fois être bien visibles, qui étaient choisies, rouges et uniformes, pour cela). Dans ces lieux qui ne sont jamais des non-lieux, jamais des lisières, tout simplement parce que des vies effectives s'y vivent, ont à se vivre malgré les conditions qui leur sont faites, dans ces lieux de vie donc, le PEROU lutte contre les réponses trop rapides (le démantèlement en général) et accompagne la construction, prend soin de ce qui existe, cultive, relève, documente l'existant, bref, le considère et agit à partir de lui.

Par exemple à Ris-Orangis, dans un campement rom édifié au bord de la nationale 7, sur l'un de ces espaces que l'on appelle des « délaissés urbains ». Au milieu des cabanons, le 22 décembre 2012, s'est inaugurée une « Ambassade du PEROU », avec une salle de réunion, une piste de danse, des espaces de conseil juridique… Ce bâtiment précaire était conçu avant toute chose pour entraver le passage des pelleteuses, mais c'était aussi, vraiment, une ambassade : « un corps diplomatique conçu pour faire se nouer d'autres relations avec les acteurs en présence », cherchant à coopérer avec le conseil général, à trouver des fonds pour construire et accompagner ce qui s'était construit, misant donc sur des vertus déjà exercées dans l'espace du bidonville. Jean-Christophe Bailly, qui s'est intéressé à cet espace, précise : « Il était beau, et juste, que le lieu censé incarner cette possibilité physique de rassemblement se soit appelé Ambassade – c'était dire d'un seul coup que son potentiel et sa visée n'étaient pas ceux d'un cercle refermé sur lui-même, mais au contraire d'une ouverture ou d'un seuil permettant d'activer des relations avec l'extérieur, réseaux et associations diverses [...], voire plus simplement les démarches que ceux qui le composent sont amenés à faire auprès des administrations ou des services. » Un bureau, une salle de réunion, une piste de danse ; pas une demeure, certainement pas une demeure ou quelque chose qu'il faille célébrer comme tel, mais « quelque chose qui sache approfondir l'accueil sans le refermer », et qui, donc, dessine déjà, en soi, une autre image de l'accueil et des formes de regroupement ; quelque chose qui n'était pas à idéaliser, à exalter mais, simplement, à considérer.

Cent jours plus tard pourtant, tout cela a été rayé de la carte. Le 29 mars 2013, un arrêté signé du maire a mis en demeure les habitants du bidonville de quitter les lieux. Trois jours après, les forces de police, accompagnées de pelleteuses, ont détruit les habitations et dispersé leurs occupants. L'arrêté municipal qui ordonnait cette destruction « sidère et accable », comme le dit Sébastien Thiéry ; ce texte est scandé par plus de soixante-dix occurrences du mot « considérant » : considérant les risques sanitaires, considérant l'indignité des conditions de vie, considérant l'illégalité, considérant ce qui est toujours présenté comme une situation de péril imminent et d'inhumanité où la démolition peut se présenter comme un sauvetage, considérant même (et la langue ici se retourne de façon si rusée et exorbitante contre elle-même) l'excès de liens et de guirlandes lumineuses qui relient l'ambassade au lieu-dit la place des Fêtes... Le PEROU a consacré un collectif vigoureux et inventif à l'examen méticuleux de cet arrêté, à sa « traduction », à sa parodie, un collectif intitulé justement *Considérant,* où les distorsions de la prose administrative le cèdent progressivement à d'autres façons de se rapporter à l'existant, d'agir à partir de lui et de ce qui s'y tente, de le prendre en responsabilité, d'y faire attention ; décidément, de le considérer.

Car ce qui est démoli en pareil cas, ce sont des cabanons mais ce sont aussi « des idées », des idées de vies, qui se tiennent tout à fait hors de la vie partagée mais qui disent qu'on pourrait faire autrement et accueillir autrement. Ce n'est pas que le bidonville soit le bon lieu d'accueil, un lieu qu'il faudrait en tant que tel favoriser et pérenniser, mais que c'est à partir de ce qui s'y est improvisé, en se mettant à son écoute, en le considérant donc, qu'on peut imaginer cet accueil. Ce qui pérennise les bidonvilles, dit et redit le PEROU, ce n'est pas le soin que l'on tente d'en prendre, ce sont les pelleteuses (qui détruisent un habitat provisoire... qui se reconstruit 500 mètres plus loin). Il ne s'agit donc pas de condamner à vivre là, mais « d'équiper un présent » : plus les bidonvilles seront vivables, disent-ils, plus vite on pourra en partir, en laisser partir.

Prendre en considération ici ce n'est pas seulement regarder, même si ce n'est pas encore agir ; c'est se mettre à l'écoute de l'idée qu'énonce tout état de réalité (car toute chose dit son idée, non pas l'idée que l'on a d'elle mais l'idée qu'elle *est,* autrement dit le possible qu'elle ouvre, et c'est précisément cette idée qu'est toute chose que Ponge recueillait avec obstination) ; ici, c'est reconnaître dans les cabanons les lieux d'une vie quotidienne, prise dans la durée, des lieux où des vies effectivement se tiennent, où des corps et des âmes effectivement s'éprouvent. C'est, par exemple, comme Michel Agier encore une fois, avoir l'audace de penser que sur ces bords et ces « délaissés urbains », dans l'encampement du présent, se joue aussi quelque chose de central pour nos villes, pour nos propres modes d'habitation, pour nos propres formes de vie, pour le monde urbain qui vient et qui pourrait venir autrement. Il faut donc ne pas « seulement » se laisser sidérer par ce qui est pourtant sidérant, ne pas l'enclore dans une situation de monstruosité ; mais le déclore, s'y rapporter comme à l'un des centres effectifs de notre présent, et même du genre de villes auquel le présent fait déjà place. « Ni monstrueux ni pitoyables, ces lieux de l'écart pourront être perçus sous un jour nouveau. » Et Michel Agier de préciser : « Ce que les camps anticipent de manière radicale, c'est une problématique de la vie et de la citoyenneté aux marges de l'État-nation. » De manière radicale, parce que ce qu'engendre la politique de mise à l'écart des indésirables, ce sont des camps qui durent, des configurations urbaines bizarrement pérennes, nouvelles « centralités de la marge » qui se rapprochent des marges urbaines ordinaires pauvres et cosmopolites, même si la mémoire des lieux a beaucoup de mal à se constituer dans ces contextes de fragilité supposés provisoires.

Et à Calais aussi, le PEROU a proposé des formes d'action surprenantes, prévenantes, inconvenantes; il prenait soin des baraquements, et tentait de riposter aux forces de démolition en construisant, avec les migrants, c'est-à-dire en tenant compte de ce qu'ils avaient fait; pas pour pérenniser le bidonville, décidément, mais plus simplement pour faire cas des vies, et avoir des égards pour les lieux de vie. Il faut évidemment voir, voir, voir, la souffrance, la douleur, les tensions partout puisqu'elles sont partout; mais il faut aussi reconnaître les vies ici vivantes et vécues; dans le même mouvement il s'agit de ne pas toujours ou d'emblée rencontrer les personnes à partir de leurs souffrances, mais aussi à partir de leur héroïsme, de leurs réalisations, de leurs « espoirs démesurés », de leurs joies quand il y en a ; et de commencer donc par prendre acte du déjà construit, de l'habité, comme d'un territoire non d'indignité et de nudité, mais encore une fois, d'idées.

Voici le texte rédigé par Sébastien Thiéry après le début de la première destruction de la jungle :

« *Considérant* que la Jungle de Calais est habitée par 5 000 exilés, non pas errants mais héros, rescapés de l'inimaginable, armés d'un espoir infini.

Considérant qu'ici-même vivent effectivement, et non survivent à peine, des rêveurs colossaux, des marcheurs obstinés que nos dispositifs de contrôle, procédures carcérales, containers invivables s'acharnent à casser afin que n'en résulte qu'une humanité-rebut à gérer, placer, déplacer.

Considérant que Mohammed, Ahmid, Zimako, Youssef, et tant d'autres s'avèrent non de pauvres démunis, mais d'invétérés bâtisseurs qui, en dépit de la boue, de tout ce qui bruyamment terrorise ou discrètement infantilise, ont construit en moins d'un an deux églises, deux mosquées, trois écoles, un théâtre, trois bibliothèques, une salle informatique, deux infirmeries, quarante-huit restaurants, vingt-quatre épiceries, un hammam, une boîte de nuit, deux salons de coiffure.

Considérant que chacun des habitats ici dressé, tendu, planté, porte l'empreinte d'une main soigneuse, d'un geste attentif, d'une parole liturgique peut-être, de l'espoir d'un jour meilleur sans doute, et s'avère une écriture bien trop savante pour tant de témoins dont les yeux n'enregistrent que fatras et cloaques [...].

Considérant que quotidiennement depuis début septembre 2015 des centaines de Britanniques, Belges, Hollandais, Allemands, Italiens, Français, construisent dans la Jungle. »

Considérant tout cela, donc, le PEROU :

« Déclare :

1. Que la destruction [...] s'avère un acte de guerre irresponsable conduit non seule-

ment contre des constructions, mais aussi contre des hommes, des femmes, des enfants, des rêves, des solidarités, des amitiés, des histoires, non seulement contre le bidonville, mais contre ce qui fait ville à Calais.

2. Que résister nécessite de riposter enfin au déni de réalité généralisé, de contredire les professionnels de la plainte [...], de rendre célèbre ce qui s'affirme aujourd'hui à Calais, de faire retentir le souffle européen qui s'y manifeste [...].

3. Que penser et agir de nouveau à Calais, au-devant d'une situation-monde nous concernant tous, c'est s'inspirer des gestes de celles et ceux qui construisent inlassablement en dépit de la haine qui porte le nom de "politique publique", [...] c'est risquer d'autres formes d'écritures politiques de l'hospitalité, de ce que nous avons en commun, de notre République. »

Considérer, donc. D'ailleurs ce qu'il y a de franchement sidérant à Calais aujourd'hui c'est encore autre chose, c'est le projet public d'un parc d'attractions destiné à s'appeler

Heroic Land, qui mettrait en scène des héros de jeux vidéo, pensé comme une « compensation » publique à la crise migratoire et dont le financement devrait avoisiner les 270 millions d'euros. Un projet invraisemblable, en décrochage complet avec le réel présent et commun, un projet inconsidéré (l'artiste Banksy, graffeur et performer, le connaissait-il, lui qui a engagé en 2015 cette trouble démarche : faire acheminer à Calais les matériaux de son Dismaland, parc d'attraction éphémère, lugubre, punisseur et mazouté, pour les constructions de la Jungle ?). Le PEROU, dans une publication qui lui vaut un procès, proposait très pragmatiquement il y a quelques mois d'allouer une partie du financement de ce délirant projet à d'autres politiques publiques, en l'occurrence à un chantier de l'hospitalité. En « cultivant l'existant » à Calais, en prenant soin des relations qui s'affirment, en documentant ce qui se construit, en en faisant apparaître l'héroïsme (le vrai), et en l'augmentant.

Rien pourtant n'y aura fait : *feu* la Jungle. Feu fut mis à la Jungle, à quelques jours d'un autre saccage, celui d'un des campements du métro Stalingrad, à Paris. Mais le PEROU poursuit ses efforts diplomatiques, a constitué une « autre mairie de Calais », délègue des consuls, ménage et enrage, a bien raison d'enrager (comme les citoyens, certains citoyens, d'organiser comme ils le peuvent l'accueil et l'hébergement sur tout le territoire).

La frange et la preuve

À partir de ces prises en considération s'en présenteraient bien d'autres, dans des lieux d'ailleurs toujours situés en bordure, en lisière de la ville visible ou de la vie visible, et où la frontière ne passe pas nécessairement entre un *eux* et un *nous,* mais entre des façons de se rapporter à ce qui existe et à ce qui s'essaie.

Par exemple la considération qui anime Claire Simon dans son documentaire *Le Bois dont les rêves sont faits* : sa considération pour toutes les sortes de vies qui se font un séjour et se tentent dans le bois de Vincennes, depuis les contacts sexuels plus ou moins furtifs et plus ou moins heureux, jusqu'aux cabanons nichés sous les arbres, aux fêtes, aux douleurs, aux relégations, ou au souvenir totalement arasé de l'université de Vincennes (dont il ne reste qu'un bout de tuyau enfoui dans l'herbe, trace dont Émilie Deleuze fut dans un autre film le témoin), cette « autre » université qui s'était à la fois essayée et prouvée ici, dans ces espaces où quelque chose tout ensemble s'écarte, se cache, s'abrite et se tente.

Par exemple aussi la colère méconnaissable, colère par amour et considération des vies, qui compose au long des récits d'Arno Bertina une vaste *Suite* des démunis : un immigré malien en qui le sursaut de volonté fut un sursaut de violence ; un SDF qui assemble avec humour (oui, avec humour) des objets de rebut dans son salon à ciel ouvert, sur un terre-plein assourdissant du périphérique… Partout une attention à ce qui, en chacun, se maintient, se débat, tente des sorties hors de l'enclos de la pauvreté ou de la solitude, se voit rabattu, s'élance encore s'il peut, et s'élance de toute façon, dans ces récits, hors de la glu de l'empathie.

Par exemple, encore, la considération qui anime tous les projets de Jean-Christophe Bailly, dont je parlais plus haut. Tout particulièrement dans ce très beau livre intitulé *Le Dépaysement,* où Bailly s'interroge sur notre pays et va y voir patiemment, compliquant (justement à force de considération) les oppositions un peu bâclées entre centres et bords, hauts-lieux et non-lieux. Mais il n'y a pas de non-lieux; pas plus qu'il n'y a de vie nue. Il n'y a que des lieux ou des vies maltraités, précarisés, disqualifiés.

Le sujet de ce livre est donc la France. Son but est de comprendre « ce que ce mot désigne aujourd'hui et s'il est juste qu'il désigne quelque chose qui n'existerait pas ailleurs ». L'idée fut donc d'approcher « la pelote de signes enchevêtrés mais souvent divergents » qu'est la France en divers lieux, « soit qu'ils [...] aient semblé incarner des points de cristallisation de la forme nationale interne, soit au contraire parce qu'ils étaient sur des bords ». Et Bailly de préciser qu'une « forme interne sans bord ne peut pas même exister », mais que c'est justement parce que « certains croient que ça existe comme une entité fixe », alors que ça existe autrement, qu'il faut aller voir avec patience et sens réel du divers de quel enchevêtrement de lignes bien différentes le pays est fait : lignes d'affirmations, d'étirements, de retraits, de heurts, d'adhérences et de désadhérences, de pannes, d'évasions, de rêves…

L'écrivain a cette belle image : la « forme-pays », dans le cas de « l'Hexagone », ce n'est pas cet équilibre géométrique bien centré que souvent on nous a enseigné, ça ressemble plutôt à une peau de bête étirée, écartelée vers ses bords, tendue, trouée, et en bien des endroits prête à céder. Une force centrifuge qui se comprend moins dans son cœur, donc, que dans les façons très diverses dont s'y vivent les frontières, une configuration mouvante que Bailly est par conséquent essentiellement allé voir sur ses bords. Sur ses bords externes, là où le pays s'en va vers ailleurs, mais aussi bien là où il rechigne à s'en aller, à « s'étranger », à s'altérer ; il s'agissait alors d'observer et de qualifier une diversité bien réelle d'effets de frontière, d'effets de bords : la Bretagne, qui est une entrée continue dans l'océan et qui assume pour tout le pays un rêve de partance, « sur un mode direct et frontal » ; le Nord et l'Est qui filent et s'étrangent sans drame vers la Belgique et l'Allemagne ; les environs de Verdun, pris dans une tout autre force, « continentale, aplatie », imprégnée de batailles, d'arasements et de morts.

Et il est aussi allé trouver la forme-pays sur ses bords internes, ses bords en plein centre, tous ces lieux où se complique le sentiment de l'identité : ceux où l'espace s'alourdit, s'affaisse, et où le sentiment de la vie est comme blessé ; et ceux au contraire où « ici » est déjà un départ, libère une possibilité de fuite et de réhabitation, une déclosion : le Bazacle, ce barrage qui aménage en plein Toulouse un passage pour les saumons ! ; la passerelle du Cambodge à la Cité universitaire à Paris ; et tout près d'elle, ce qu'il appelle « Gentilly, Portugal », où une église niche dans une courbe du périphérique et fait un site plutôt gai à la communauté portugaise…

Bords externes, bords internes. La France lui apparaît comme un tenon placé à l'intersection de lignes qui partent, ou qui justement peinent à partir. Le pays n'est alors pas un contenant, un *dans,* mais une configuration mobile d'effets de bords. En sorte que « ce qui rend un pays vivable, quel qu'il soit, c'est la possibilité qu'il laisse à la pensée de le quitter ». Et l'identité s'y trouve redéfinie comme « le modelé d'une infinité de départs possibles ».

C'est cela, le dépaysement qui résulte de ces voyages en France. Et c'est une protestation contre « l'empaysement ». C'est-à-dire que c'est surtout une décision. Il faut vouloir définir le pays comme quelque chose que l'on peut quitter, et qui se définit justement par l'infinité de départs qu'il autorise, en pratique, en pensée (et aujourd'hui spécifiquement, c'est si clair : en accueil). Cela fait du bien de pouvoir vivre le pays comme quelque chose que l'on habite d'autant mieux qu'on peut le quitter, et qu'on peut y laisser entrer, rester, bouger, et qu'on peut en laisser sortir. Opposer le dépaysement à l'empaysement, c'est une décision, donc. (Se souvenir que pour avancer dans le traitement judiciaire de sa mort, la famille d'Adama Traoré a dû obtenir le « dépaysement judiciaire » de l'enquête, son déplacement de Pontoise à Paris.) Il faut vouloir que le pays soit cela, espérer et imaginer qu'il soit tel, protéger les espaces où il l'est, considérer toute cette émission de différences, s'y attarder, ne pas enclore chaque idée de vie mais au contraire « l'infinir » et reconnaître ce qui s'y cultive...

Ce qui s'y « cultive » en effet. Bailly s'est ainsi longuement intéressé aux jardins ouvriers de Saint-Étienne ; il y a perçu un fragment discret d'utopie, qui gît dans un ensemble de gestes ; ces jardins sont ce qu'il appelle « la frange et la preuve » d'une autre vie et d'une autre ville possibles : « quelque chose de chantonné, de murmuré, que certains, aux abords directs ou en haut lieu,

ne veulent plus ou ne savent plus entendre ».
Ce qui s'y joue bien sûr, c'est une certaine
idée, une idée du rapport à l'espace et à la
propriété : moins de propriété et plus d'ap-
propriation, moins de propriété et plus
d'usage (on songe, il songe aux franciscains
d'Agamben), plus de prise en main, de soin,
de ménagement, de prévenance et par conséquent aussi d'enrichissement de ce qui est.
Et Bailly d'ajouter : « (tout ce que je raconte
à propos des jardins se déroule sur un fond
de misère, je le sais bien), mais c'est ainsi, la
ritournelle demeure ». Il a d'ailleurs prolongé
cette observation dans un autre livre, conçu
comme un parcours et un échange avec
Alexandre Chemetoff, architecte et fonda-
teur du Bureau des paysages qui a eu en
charge de réaménager un quartier de Saint-
Étienne, celui de la Manufacture des Armes.
Il en est résulté un dialogue, *Changements
à vue,* qui est entièrement conduit par cette
disposition à « considérer » vraiment un
milieu, ce territoire stéphanois qu'on a pu

qualifier de « capitale des taudis » mais qui justement mérite beaucoup plus d'égards, de regard, de vigilance, de soin, de sensibilité aux différences et au « chantonnement » particulier, pas toujours beau évidemment, de chaque lieu, qui est toujours un lieu de vie ; peut-être pas celle qu'on voudrait, dont on rêverait soi-même, mais de vie. Le mot « considération », et le « prendre en considération », saturent d'ailleurs véritablement leur dialogue (comme ils saturent *Ce qui fait une vie,* de Judith Butler), je ne sais pas s'ils s'en sont aperçus. Pour l'écrivain, cette considération se joue dans une rage d'attention et de qualification, une sorte d'effort très pongien pour qualifier patiemment ce « chant » entonné par chaque chose et phraser l'idée de vie que chaque chose par conséquent énonce, entonne ; et pour l'architecte, avec sa mission d'intervention, cela se joue dans une façon de tenir compte de ce qui est ou qui affleure, dans un désir non de transformer mais d'accompagner, de ménager, de réparer.

Où l'éthique de l'attention rencontre une économie du peu, pragmatiste. Et où l'on rejoint le PEROU et sa façon de considérer l'existant dans « une démarche économe, le contraire d'un aménagement, une manière de *ménager ce qui existe,* de tout traiter avec […] bienveillance ».

Il y a quelque chose d'erratique, peut-être de franchement inconvenant, dans le rapprochement de tous ces bords. Les légers jardins ouvriers, les habitations plus que précaires et en vérité si diverses du bois de Vincennes, les arrangements ironiques (capables d'ironie) d'un SDF dans le même-pas-renfoncement d'une boucle du périphérique, les guirlandes qui reliaient dans la boue à Ris-Orangis l'ambassade du PEROU à une place des Fêtes, l'héroïsme si peu considéré des migrants qui ont construit à Calais, malgré la plus grande hostilité, des écoles, des bibliothèques, des restaurants, les traces liquides des vies perdues en mer, les délaissements, les saccages, les refus de droits... Peut-on vraiment tenir tout cela ensemble ? Je ne suis pas sûre de moi, mais je crois qu'il n'y a peut-être pas d'indécence à ces rapprochements. Car il s'y entonne parfois le même genre de phrases, ou de chants. Même à Calais quelque chose s'énonce, s'énonçait, qui n'est pas toujours un lamento, même si bien sûr cela s'élève au-dessus d'un profond et infini lamento ; mais quelque chose aussi désire, se débat, s'essaie à vivre, quelque chose de l'humain en acte, de l'humain toujours déjà là, de l'humain qui ne réclame pas exactement qu'on lui redonne sa « dignité » parce qu'en fait il l'a, et la prouve, mais qui réclame plus simplement qu'on lui reconnaisse très concrètement *des droits*.

Des droits : car la conviction de l'égalité des vies s'entend avant tout juridiquement. Accueillir n'est pas faire acte de charité, mais de justice : il s'agit de réparer le tort subi par ceux que l'histoire expulse. L'intelligence politique de la Révolution française, comme l'a rappelé Sophie Wahnich, avait notamment consisté à redéfinir la patrie comme l'espace où peut se vivre l'amour des lois ; non pas l'acquiescement à l'obéissance à la loi, mais l'amour des lois, le vif amour de lois aimables. L'amour des lois y était même un attribut de la souveraineté du peuple. Si la patrie est ainsi définie, et qu'en y abordant (si l'on y arrive), on entre précisément dans la possibilité de cette amitié politique, qui est un amour concret de la liberté et de la vie, alors c'est le collectif lui-même qui en vient à être brisé lorsque les lois sont iniques, c'est-à-dire lorsque l'on n'est plus en situation d'aimer la loi, de se rapporter amoureusement à elle ; et cela non seulement autorise mais réclame la révolte, comme le soutient la Déclaration des droits de l'homme. Révolte contre l'externalisation de la gestion des réfugiés (quand la Pacific solution australienne fait leçon dans les rapports de force entre l'Europe et la Turquie), et révolte contre la criminalisation des aidants. Le

délit de solidarité est par excellence une loi
inique, qui saccage toute possibilité d'un
amour du collectif, et d'un collectif comme
amour. Partir de critères égalitaires ce sera
donc, c'est évident, abandonner rageusement, juridiquement parce que rageusement
– d'une rage par amour de la vie – toute idée
d'un délit de solidarité.

Et je voudrais retenir ici une dernière
expression. La « frange et la preuve », dit
Bailly à propos des jardins ouvriers, mais
aussi, en des termes proches, de l'Ambassade
de Ris-Orangis ; la frange et la preuve : là où
les bords ne seraient pas une ombre ou une
lisière ou un gouffre, mais une preuve. La
preuve de quoi ? la preuve qu'une autre vie est
possible. Ce qui intéresse ici, et bouleverse,
c'est l'évidence qu'on pourrait vivre autrement, et notamment accueillir autrement,
considérer autrement ces vies, *pleurables dans
l'exacte mesure où elles sont avant tout considérées comme vécues.*

Aux autres, aux invisibles (comme aux choses, comme aux océans, et plus encore aux morts puisque l'on doit penser à leur non-vie, parler « à leur non-ouïe » disait Pierre Pachet), il faut demander ce qu'ils ont à dire : ce qu'ils diraient, ce qu'ils pouvaient, ce qu'ils pourraient et que donc nous pourrions. Il ne s'agit pas d'exalter des situations de dénuement, encore moins de s'y résigner – et la porte est étroite, car il faut dire qu'il y a parfois, en ces matières, beaucoup de complaisance, quelque chose comme un tourisme humanitaire, des artistes (et moi ?) qui jouent à leurs heures aux exilés, et une étrange ou même louche collusion entre ces enjeux et le fait même de l'art aujourd'hui ; or il faudrait garder en soi tant de peur, de peur de parler, en parlant de tout cela... Mais au meilleur de ces pensées, ou de ces démarches, s'impose la nécessité de faire cas des vies qui effectivement se vivent dans tous ces lieux et qui, en tant que telles, ont quelque chose à dire, à nous dire de ce qu'elles sont et par exemple du monde urbain qui vient, et qui pourrait venir autrement. Mieux que des bords, donc, délaissés et activement invisibilisés, des franges qui seraient déjà des preuves, la preuve qu'on pourrait faire autrement *puisqu'*on fait autrement.

mars 2017

Références :

Réinventer Calais. Atlas d'une ville potentielle, https://reinventercalais.org

Giorgio Agamben, *De la très haute pauvreté. Règles et forme de vie (Homo Sacer, IV, I),* trad. fr. Joël Gayraud, Paris, Rivages, 2011.

Michel Agier, *La Condition cosmopolite. L'anthropologie à l'épreuve du piège identitaire,* Paris, La Découverte, coll. « Sciences humaines », 2013.

Michel Agier et Clara Lecadet (dir.), *Un Monde de camps,* Paris, La Découverte, 2014.

Jean-Christophe Bailly, « L'ambassade détruite », dans Sébastien Thiéry (dir.), *Considérant qu'il est plausible que de tels événements puissent à nouveau survenir. Sur l'art municipal de détruire un bidonville,* Paris, Post-Éditions, 2014.

Jean-Christophe Bailly, *Le Dépaysement. Voyages en France,* Paris, Le Seuil, coll. « Fiction & Cie », 2011.

Jean-Christophe Bailly et Alexandre Chemetoff, *Changements à vue,* Paris, Arléa, 2015.

Charles Baudelaire, *Notes nouvelles sur Edgar Poe* [1857].

Walter Benjamin, *Je déballe ma bibliothèque. Une pratique de la collection,* trad. fr. Philippe Ivernel, avec une préface de Jennifer Allen, Paris, Rivages, 2015.

Arno Bertina et Ludovic Michaux, *La Borne SOS 77,* Marseille, Le Bec en l'air, 2009.

Arno Bertina et Anissa Michalon, *Numéro d'écrou 362573,* Marseille, Le Bec en l'air, 2013.

Luc Boltanski, *La Souffrance à distance. Morale humanitaire, médias et politique* suivi de *La présence des absents,* Paris, Gallimard, coll. « Folio essais », 2007.

Yves Bonnefoy, *L'Arrière-pays,* Genève, Skira, 1972.

Pierre Bourdieu, « Nécessiter », dans *Cahier Francis Ponge,* Paris, Éditions de L'Herne, 1986.

Judith Butler, *Ce qui fait une vie. Essai sur la violence, la guerre et le deuil,* trad. fr. Joëlle Marelli, Paris, Zones, 2010.

Judith Butler, *Qu'est-ce qu'une vie bonne?,* trad. fr. Martin Rueff, Paris, Payot, 2014.

Emanuele Coccia, *Le Bien dans les choses,* trad. fr. Martin Rueff, Paris, Rivages, 2014.

Jacques Derrida, *L'Animal que donc je suis,* Paris, Galilée, 2006.

Georges Didi-Huberman, *Peuples exposés, peuples figurants. L'œil de l'histoire, 4,* Paris, Minuit, 2012.

Charles Heller et Lorenzo Pezzani, « Traces liquides : enquête sur la mort de migrants dans la zone-frontière maritime de l'Union européenne », *Revue européenne des migrations internationales,* Vol. 30, avril 2015.

André Malraux, *L'Homme précaire et la littérature,* Paris, Gallimard, 1977.

Achille Mbembe, « Nécropolitique », *Raisons politiques,* vol. I, n° 21, 2006.

Henri Michaux, *Poteaux d'angle,* Paris, Gallimard,
1971.

Claude Mouchard, *Papiers!, pamphlet-poème,* Paris,
Éditions Laurence Teper, 2007.

Michel Naepels, *Anthropologie de la détresse,* à
paraître.

Pierre Pachet (dir.), *La Colère. Instrument des puis-
sants, arme des faibles,* Paris, Autrement, 1997.

Pierre Pachet, « Électre parle aux morts (Sophocle) »,
Le Nouveau commerce n° 70, 1988.

Pier Paolo Pasolini, *Il Sogno di una cosa,* Garzanti,
1962.

Francis Ponge, *La Rage de l'expression,* Paris, Gallimard, 1952.

W.G. Sebald, *Austerlitz,* trad. fr. Patrick Charbon-
neau, Arles, Actes Sud, 2002.

Sébastien Thiéry (dir.), *Considérant qu'il est plausible que de tels événements puissent à nouveau
survenir. Sur l'art municipal de détruire un
bidonville,* Paris, Post-Éditions, 2014.

Camille de Toledo, Kantuta Quirós, Aliocha
Imhoff, *Les Potentiels du temps,* Paris, Manuella,
2016.

Philippe Vasset, *La Légende,* Paris, Fayard, 2016.

Sophie Wahnich, *L'Intelligence politique de la Révolution française,* Paris, Textuel, 2013.

Cet ouvrage a été achevé d'imprimer en septembre 2017
dans les ateliers de Normandie Roto Impression s.a.s.
61250 Lonrai
Nº d'imprimeur : 1703859
Dépôt légal : août 2017

Imprimé en France